INVIERTE EN TI
TU
ERES EL MEJOR ACTIVO

CLAVE 2: SENTIMIENTOS

¿CUAL ES TU SENTIMIENTO RESPECTO DEL DINERO?

María Imelda Cardona

DEDICACION

Dedicado a mi esposo Leonardo Ríos, por su amor incondicional, a mi Hijo Santiago Restrepo quien me ha inspirado a escribir este libro, a mi Mamá Rosa María López por todas sus enseñanzas a mi querido padre, que a la edad de setenta y seis años sobrevivió a una experiencia de vida a muerte, durante el tiempo que fue escrito este libro. Le doy gracias por haber elegido seguir entre nosotros repartiendo tanto amor con humor.

Siempre ha sido y será una gran inspiración para mí. Espero entregarle un ejemplar del libro en mano, firmado en gratitud por estos 48 años de vida. Te amo más allá del tiempo y el espacio.

AGRADECIMIENTOS

Agradezco en primera medida a Dios porque es Él quien permite que yo pueda realizar este proyecto, a ti mi querido lector porque eres quien me inspira y a mi hijo Santiago Restrepo porque sé que este tema de dinero es algo que no nos enseñan en la escuela y es un tema realmente necesario en nuestras vidas.

CONTENIDO

INTRODUCCION

Con respecto al dinero la mayoría de las personas el 95% tiene falsas creencias, termina fin de mes y no tienen un peso en los bolsillos, estudian una carrera, salen con títulos profesionales, luego hacen postgrados, especializaciones, Máster y salen al mundo laboral y no tienen idea como hacer dinero con su conocimiento, salen de la universidad con mucho conocimiento pero en realidad no saben cómo aplicarlo para ganar dinero; se consiguen un trabajo y cuando llega el fin de mes, se gastan más de lo que tienen, solo porque tienen que tener un nivel de vida diferente porque ya son profesionales.

Escribí esta serie de libros dado que es necesario realizar un cambio de conciencia con respecto al dinero, fuimos educados con muchos paradigmas acerca del dinero y cuando nos enfrentamos al mundo laboral no tenemos idea de cómo manejar nuestras finanzas, pensamos que todo es trabajar y trabajar, dejamos nuestras familias, nuestros hijos de lado porque tenemos que hacer dinero y llega fin de mes, **¡El dinero no alcanza!** como gasto más de lo que tengo… entonces recurro a las deudas y no tengo dinero para ahorrar y mucho menos para invertir.

Como Contadora Pública, Analista Financiera y Trader, quiero contribuir con mis técnicas sobre **¿Cómo lograr que el dinero trabaje para ti?** en lugar de que las personas se maten trabajando dejando su familia, sus hijos al cuidado de otros y que podamos ser una sociedad donde cada uno trabaje con su talento, que ama lo que hace y con el dinero que genere pueda tener la calidad de vida que todos merecemos.

Muchas personas tuvieron acceso a la universidad... se gradúan, pero hoy día muchos de estos profesionales no tienen ni idea que hacer con lo que estudiaron y tienen la mentalidad de la satisfacción inmediata de la calidad de vida, recurren a muchas deudas; estadísticamente el 83% de los jóvenes que están iniciando sus carreras universitarias desde ya están endeudados financiando sus estudios, por la facilidad de créditos, por su afán de un estilo de vida cada vez mejor.

➤ Las necesidades que he identificado y me han motivado a escribir esta serie de libros

1. La necesidad de un cambio en el sistema de creencias sobre el dinero, dado a que cada persona de manera individual, de acuerdo a sus ancestros y entorno social (padre, madre, amigos, escuela, profesores) fueron sembrando estas falsas creencias acerca del dinero y mientras no las identifiquen y no tengan un sistema, por mucho que estudien, tengan títulos y se capaciten; el dinero siempre se va a esfumar.

2. Existen unos patrones acerca del dinero que no permiten el avance y es necesario identificarlos antes de tomar acción.

3. Es necesario reconocer los sentimientos con respecto al dinero,

examinar cada sensación sin juzgarse, generando una nueva mentalidad creando habilidades, cambiando toda falsa creencia sobre el dinero (reiniciar la forma de pensar).

La mayoría de las personas gastan más de lo que tienen, no hay una estrategia o un sistema financiero personal, pues no tienen idea de cuál es su presupuesto mensual, ni conciencia en que lo gastan. Tienen hábitos de consumo, gastan más de lo que ganan, recurren a los préstamos con tarjetas de crédito lo que no les permite ahorrar.

4. Deben crear conciencia de estos malos hábitos y luego comprometerse con el aprendizaje y el crecimiento de sus finanzas personales para toda la vida.

5. Es necesario transformar su espíritu de pobre a rico y que cada persona

encuentre su pasión, para generar dinero con su talento, controlando sus gastos, y lo más importante que genere dinero para ahorrar; para luego pasar a ser inversionista donde finalmente el dinero trabajará para ella.

"Quiero que sepas que existen técnicas, métodos y sistemas que nos pueden llevar de un estado de bancarrota a un estado de inversionista permitiendo que el dinero trabaje para nosotros."

➤ ¿Por qué es vital publicar este mensaje?

Las personas en su escala de valores no tienen el dinero como una de sus prioridades, por lo tanto piensan que es malo decir a los 4 vientos que el dinero es indispensable en sus vidas, esto se debe a que traen falsas creencias de sus cimientos (padres, familia, escuela, gobierno, religión, un sistema educativo y financiero) que los hace dependientes del sistema, *"nos prepararon con falsos paradigmas para que seamos sus esclavos a través de las deudas, de los trabajos, de una jubilación y del miedo a la escasez"*.

Dentro esta nueva serie de libros encontrarás 5 pasos sencillos, simples, rápidos y eficaces que te muestran cómo logras pasar a ser un **Inversionista**, utilizando una técnica donde tomas el control de tu estado Financiero y de ánimo, con disciplina, constancia y consciencia de sí mismo.

¡Estos pasos llevados a la acción, tienen resultados inmediatos!

Paso a paso, se describen en forma de preguntas, con el fin de crear consciencia de tu situación real, de tu sistema de creencias con respecto al dinero y a *"cortar de raíz con esas cadenas que no te dejan progresar"*.

Son pasos prácticos, indispensables para realizar los cambios necesarios en tu vida con el fin simple de cambiar tus creencias, pensamientos, sentimientos acerca del dinero.

Conocer tu realidad económica, identificando uno a uno cuáles son tus hábitos de consumo y creando consciencia que *"No es cuanto Ganas, sino cuánto Gastas"*.

Donde te llevaré a reconocer fugas de dinero, hábitos de consumo, de deudas, patrones de comportamiento con respecto al dinero y de ahí pasar a la creación de nuevos patrones, nuevos hábitos de consumo y realizar los cambios necesarios con el fin obtener tu realidad económica y generar un ahorro desde tus propios ingresos.

Encontrarás que dentro de ti: una nueva consciencia acerca del dinero *¡Tienes el poder de comprometerte contigo mismo y hacer que tu realidad financiera y económica no dependan de nadie!* ni de los políticos, ni de la ciencia, ni de la religión, ni de la economía.

Es poco frecuente escribir una serie de libros reveladores que entregue al lector la oportunidad de cambiar su vida financiera desde lo espiritual a lo real, *"porque el dinero viene desde adentro, el control de tu dinero lo tienes tú y no hay nada afuera que te detenga a conseguir lo que quieras".*

Puedes crear tu propia realidad financiera, cuando aprendes a identificarte a ti mismo con disciplina y a tener coherencia entre lo que piensas, sientes y actúas con respecto al dinero.

➢ **Esta será una guía práctica con la que podrás:**

• Aprender a dejar de lado tus falsas creencias, tus paradigmas acerca del dinero e instalar nuevos programas.

• Conocer estrategias financieras, un sistema paso a paso utilizando tus propios recursos para identificar en dónde te encuentras ahora y conocer tu realidad financiera.

• Reconocer que tu realidad financiera depende de ti, de tus hábitos de consumo, de ahorro y de inversión.

• Resolver tu problema de dinero y mejorar la relación con él, haciéndola parte integral de tu vida desde la consciencia del dinero, generándote una serie de preguntas que tú mismo responderás.

❖ Sentimiento:

¿Cuál es tu sentimiento con respecto al dinero?

Las 5 Fases del Sentimiento

❖ Fase 1 Examina todo Sentimiento

Como te darás cuenta se lleva una secuencia; en la primera fase se evidenció la importancia del dinero, y una parte de lo que son las creencias; cada persona tiene creencias diferentes de acuerdo a su región de procedencia.

Un ejemplo muy claro: Fui educada en Colombia Medellín, y culturalmente el día del pago o si nos regalaban algo lo primero que pensábamos era en gastarlo.

En cambio la cultura china solo piensa en ahorrar para después invertir.

"Mi actualidad económica es el resultado de saberse rodear de personas que trabajan unidas, con un fin común, en busca de una mejor calidad de vida".

Este libro tiene como finalidad generar un aprendizaje sobre las finanzas. **El dinero es indispensable** porque se necesita para cualquier cosa que se piense hacer; es una prioridad, por lo tanto es vital aprender sobre él.

➤ **¿El dinero se merece?**

- Esta pregunta es de suma importancia, como trader trabajo invirtiendo en la bolsa de valores, y muchas personas siempre realizan este tipo de preguntas:

- ¿En qué me sugieren invertir?

Partiendo de la realidad, si la persona no tiene clara su parte financiera y si no lo tiene bien concebido lo del merecimiento del dinero, cualquier inversión que vaya hacer no le va a resultar.

Recuerden que en este libro se está trabajando las creencias, porque no se puede dar una sugerencia, sobre las finanzas personales, si no se conoce el sentir de la persona.

Este sistema funciona realizando preguntas claves y puntuales; que cada persona debe hacerse, para identificar su propia creencia y sentimiento con respecto al dinero.

Para hacer un Diagnostico primero se deben reconocer realmente las limitaciones, cuáles son esas percepciones que tiene acerca del Dinero.

Por ejemplo el sentimiento de merecimiento del dinero de mi hijo es diferente al mío; para él a pesar de sus falsas creencias, el siente que si merece dinero, en cambio para mi es más difícil, porque son más arraigada las creencias de escasez, crecí con más escasez, Santiago no tanto, el todo lo tiene a la mano, no se tiene que esforzar, yo me esforcé mucho para tener lo que tengo y fuera de eso conseguía y luego todo lo perdía.

Adicional a esto basada en una creencia religiosa (fui criada en un hogar muy religioso) donde me enseñaban esta frase *"Primero pasa un camello por el ojo de una aguja que un rico a los cielos"* con esta frase pensaba que si me volvía rica nunca iba a entrar a los reino de los cielos de igual manera pensaba que era pecadora, por lo tanto no lo merezco, el dinero es para las cosas necesarias; no es para despilfarrar, no estoy de acuerdo con los lujos.

Definitivamente fuimos criados desde la carencia, desde el no tengo, no nos faltaba nada, pero no teníamos muchos lujos, muchas personas se educaron con lo necesario.

En mi caso, veía que mi papá conseguía y volvía y lo perdía y **yo decía: *"para que quiero tanto dinero en la vida, si al final uno vuelve y lo*** *pierde"* y esto me ha detenido porque lo voy a perder.

De hecho llevo conmigo 9 bancarrotas, repitiendo los patrones de mi papá.

❖ Fase 2 No Juzgarse

Ahora que están claras las falsas creencias, llega un momento en el cual se presenta un sentimiento de culpa y surgen las preguntas como: ¿Por qué no lo hice antes? ¿Por qué no me di cuenta antes? que tonto, que tonta soy si esto era tan simple, bueno la realidad es que se siente que se viene el mundo encima, pero no se puede hacer nada; las cosas son tal cual, son en este momento.

Todo lo que aprendimos, todas nuestras vivencias fueron necesarias para ser quien somos en este momento, al contrario venimos a este mundo a esta tierra a experimentar, a equivocarnos, a aprender de los errores, y de los fracasos en la medida que nos equivocamos, y creamos consciencia de nuestros errores es cuando realmente creemos.

De pronto si a mí no me hubiese pasado lo de las 9 bancarrotas; una de ellas el ganar
US $ 100.000 dólares invirtiendo en la bolsa de valores, y no haberme gastado un peso, no invité a mi familia ni a tomar un tinto como decimos nosotros los paisas un café, no hice un viaje, no invite a un almuerzo a mi familia.

Sabes porque no gaste ni un peso, porque se despertó la ambición, el pensamiento de decir voy doblar esta cantidad e invertir el doble igual me ganaré el doble y seré rica más rápido.

En esa época **pensaba mucho en el futuro**, en mi vejez en tener algo para mi retiro y estaba planeando retirarme a los 50 años, y obviamente en el tener de qué vivir.

¿Pero qué pasó? invertir el doble te acuerdas de un dicho que *"dice todo o nada"*, pues lo utilice y adivina, perdí todo y me quede… ¡**sin nada!**

El dolor que da perderlo todo, quedar en menos cero, te sientes fracasado y empiezas a decir…. si hubiese, si hubiese, si hubiese, dándote golpes de pecho y sintiéndote culpable por todo y ahí es donde comienzan los cuestionamientos; ¿por qué fui tan tonta? ¿Por qué doblé todo? ¿Por qué no saque el dinero? ¿Por qué no me di unas vacaciones? ¿Por qué no invite a mi familia a un almuerzo? ¿Por qué fui tan egoísta? ¿Por qué mi ambición fue tan grande? Y por último ¿Por qué me cegué tanto?

Durante 3 meses por lo menos, me sentí tan de malas, no lo voy a negar...y me preguntaba y decía constantemente ¿Por qué me pasa esto a mí? ¿Qué hice mal? Dios me está castigando, es que seguramente yo nací de malas.

"Mi familia toda es pobre, y pues claro como que cuando uno sale para mula hasta la enjalma le sale, el que nació para burro y para pobre no tiene nada que hacer".

Estuve con este pensamiento por muchos días, diría yo que meses, y seguía buscando respuestas.

Sin lograr entender que la pregunta correcta es **¿PARA QUE?** Y te lleva a una respuesta en PRESENTE, si preguntas porque esta te está llevando al pasado y lo único que haces es torturarte con el ¿Por qué? ¿Por qué? ¿Por qué? y no encuentras una respuesta.

Ahora escribiendo este libro, se me hace más claro él **¿Para qué me sucedió?** para poder compartir esta experiencia y no tengan que repetir tantas bancarrotas como yo; quiero ser esa alarma que diga *ojo*, de los errores se aprende, cortar cadenas tienes el poder de cambiar la vida.

"Debes estar cómodo como eres dejar de echarse culpas".

Fue una de las cosas que yo hice para no sentirme tan culpable de mis bancarrotas y lo que hice fue preguntarme ¿Para qué me pasa esto? ¿Qué tengo que aprender? ¿Qué voy hacer con toda esta información?

Con estas preguntas, deje de echarme la culpa y deje de juzgarme siendo más objetiva y tomando algunas correcciones de forma y de actuar.

Cambié mi forma de pensar "Yo tan de malas", "Soy fracasada", "Todo lo que hago me sale mal", "Todo lo que gano siempre lo pierdo".

Y me dije: Si yo me gane estos US $ 100.0000 dólares, es porque se una habilidad, pero en realidad ¿Cuáles fueron los errores entonces que cometí?

- No saque las ganancias
- Doble todo dije :"todo o nada" (Ambición)
- Quise acortar el tiempo para hacerme rica.

A partir de ahí, volví a empezar de cero, realicé correcciones y tomé las acciones que debía tomar.

Veo la vida de otra manera:

➤ Tomo vacaciones con mi familia.
➤ Voy a ver a mis padres.
➤ Disfruto del dinero que me gano.

- Invito a mi familia, comparto el dinero ganado con ellos.
- No pienso tanto en mi futuro,
- Vivo en el aquí y en el ahora.
- No doblo las inversiones.
- Lo gasto en mí.
- Invierto en mí en programas de Coaching.
- Invierto en libros.
- Invierto en Eventos.

Porque entiendo que debo divertirme y ser feliz...

➢ Evaluar las Acciones:

Es supremamente importante evaluar cuáles fueron tus acciones, en que te equivocaste, no echarte la culpa, y decir no ha pasado nada es cuestión de aprender.

El problema estaría en que me quede mirando para el techo, echando culpas, juzgando, dando pela y no hacer nada al respecto.

✓ **tip para evaluar las acciones**

Esto se debe hacer cada segundo, minuto, hora, día, semana, mes, año; ser el observador de las propias acciones, hacen que inmediatamente, se identifiquen las falsas creencias, con respecto al dinero, o cualquier evento de tu vida; es un proceso casi automático.

Porque si se evalúa se identifica, surge la pregunta **¿Para qué está sucediendo esto?** ¿Qué se debe hacer, que tengo que aprender? Y se encontrarán las respuestas para poder **cambiar el chip**; creando un nuevo hábito en la vida buscando siempre que pensamientos, sentimientos y acciones tengan **congruencia** con todo el ser.

Aprender a Gestionar las Emociones

Solo se aprende a gestionar las emociones cuando se es capaz de evaluarlas, estando atento y actuando en congruencia entre lo que se piensa, siente, dice, hace.

Fase 3 Mentalidad de ti mismo

➢ ¿Crees en ti?

Es vital creer en uno mismo, hay una frase célebre que dice *"Tanto si crees que puedes, como si crees que no puedes, estás en lo cierto"* **Henry Ford**.

Porque por mucho que escriba, diga y te muestre el camino que ofrezca luz; si no crees en ti, nada se puede hacer;

recuerda que eres el arquitecto de tu vida.

Cuando dejé de culpar a mis padres, a mis ancestros, a mi educación, a mi religión y a la política; descubrí con todos estos ejercicios que yo era la única responsable de mi vida y que podía diseñar mi propio destino.

Que tenía el poder de cortar de raíz, limpiar las memorias celulares de mis ancestros y de todo mi árbol genealógico, que no podía tener excusas; generó un gran poder en mí.

Aunque no lo puedo negar... no fue fácil, porque durante 45 años le he culpado a todo el mundo y hacerme cargo de mí, es como un dicho que dice: *"Más aburrido que un caballo en un balcón"*, sin espacio, sin excusas y ahora qué hago, yo soy la única responsable de mi vida financiera.

Por lo tanto; "Tanto si crees que puedes, como si crees que no puedes, estás en lo cierto" y no voy a discutir este punto, si crees que es blanco es blanco, y si crees que es rojo es rojo no pretendo tener la razón, y hacerte cambiar a golpes, es tu decisión.

En mi caso entiendo que SI, SOY la única responsable de mi vida financiera, son mis hábitos, es mi conducta y yo decido aquí y ahora sobre mi vida.

Cada uno tiene una respuesta diferente, de acuerdo a su experiencia, cada persona es única, y nadie tiene las vivencias de otro.

He observado a través de mi Coaching Financiero que cada alumno tiene una respuesta diferente por ejemplo:

- Una de ellas me dice que tiene que crecer y que a su edad, tiene que integrarse con esa niña, para que crezca y que sean una, en lo que hace ella en su vida.

-Otro me dice que le parece interesante porque le sirvió para dejar de echarle la culpa a su papá, tenía mucha rabia con él y concluyó que él era el que debía buscar una solución.

-Otra me dice que está sintiendo que tiene que unificarse, ser una sola en todas las áreas de su vida, balanceada, equilibrada, que su corazón late de alegría en perfecta paz, completa madura. El resultado es hacerse cargo de sí mismo y de esa manera sentirte uno con el todo, en paz y más equilibrado.

Me encantaría que realizaras el ejercicio y respondieras estas preguntas.

¿Cómo te sientes?

¿Qué has descubierto hasta este punto del libro?

Lo pregunto, porque en mi caso cuando era niña como de 6 años en mi pueblo Ituango, ubicado en Antioquia, Colombia se tenía la costumbre el día 25 de diciembre los traídos del niño Dios, y yo siempre me acostaba por las noches de los 24 de diciembre esperando con tanto anhelo que el niño Dios me trajera el regalo, y sabes que nunca me llegó; me despertaba a las 5 de la mañana buscaba debajo de la almohada, no sentía nada de regalos, me levantaba y salía a la calle, veía todos los niños con sus carros, las niñas con sus muñecas, me daba tanto sentimiento y lloraba.

Todos me mostraban sus regalos y ¿Yo? ¿A mí porque no me trajo el niño Dios? Me sentía muy mal, esto para mí fue un trauma que arrastre cadenas por 40 años, siempre diciéndome de una manera inconsciente y mirando los demás viendo que todos tenían menos yo y haciéndome la pregunta ¿Por qué a mí no?

Entendí que mis papas no tenían dinero, y tampoco tenían costumbre de hacerlo dejando de preguntarme ¿Por qué a mí no?

De pronto dirás a mí tampoco me trajo el niño Dios y no pasa nada, porque tu percepción es diferente a la mía.

Por eso no se puede igualarse o compararse con otras personas, cada uno tiene sus propias experiencias, su propia percepción lo que importa aquí es la tuya, sin juzgarte.

➢ ¿Cuál es tu misión?

En este punto es necesario que tomes las riendas de tu vida, como ya te has dado cuenta eres el constructor de tu destino financiero.

Es importante que descubras a que viniste a este mundo:

✓ ¿Quién eres?

✓ ¿Para qué estás aquí?

Tú tienes dones y talentos que Dios te dio para ponerlos al servicio de la humanidad.

Pensarás:

▪ ¿Pero si estamos hablando de dinero?

- ¿Qué tiene que ver misión con el dinero?

En realidad tiene que ver mucho porque se debe que identificar a qué viniste a este mundo, no estás aquí por casualidad, todos vinimos con un propósito, con una misión y quiero que a este punto te preguntes

- Qué harías:

- ¿Qué harías, si el dinero no fuera un problema para ti?

Al realizarle esta pregunta a mi hijo Santiago, él responde:

-Que él haría ejercicios físicos todo el día, estaría en el gimnasio inspirando a otros niños que están en sobrepeso, para que transformen su cuerpo, mostrarles con su ejemplo que el cuerpo se puede transformar con fuerza de voluntad, disciplina y simplemente tomando una decisión creyendo en uno mismo.

Para establecer tu misión la única pregunta que debes hacer es: ¿Que me hace feliz? así de simple no le des más vuelta al asunto, te sugiero tener a la mano un lápiz y un papel, conectes con tu corazón y simplemente escribe que te hace feliz en esta vida.

Ahora si en el momento nada te hace feliz, con mayor razón tienes que hacer el ejercicio, te puedes preguntar ¿Cuánto hace que no eres feliz? en el pasado cuando eras niño ¿Qué era lo que más te hacía sentir feliz? es indispensable que conectes con esta pregunta y la respondas, porque las emociones son la única conexión que hay contigo mismo, entre más feliz estás más alta será la vibración, más te acercarás a tu misión.

✓ Mi Misión

Pero primero quiero contarte de donde vino esto de la misión, cuando decidí venirme para los EE.UU. el primero de febrero del 2001, con 35 años de edad, y un hijo de 5 años, dejando mi profesión, mi casa, mis padres, todo lo que había construido, lo deje porque no sentía que estaba cumpliendo mi misión en la vida, me sentía vacía.

Si tenía lo que una persona a los 35 años según la sociedad podrá lograr dentro de mis capacidades económicas y dentro de mi círculo económico que era estudiar, tener un título, conseguir un trabajo, cumplir un horario, ganar dinero, comprarse una casa, tener un carro, casarse, tener un hijo.

Y después de lograr todo esto, me sentía igual de vacía, y me preguntaba: ¿Y yo a que vine al mundo?, ya tengo 35 años, aparentemente tengo todo para ser feliz, pero la verdad, no lo era, me sentía muy vacía, me sentía que me hacía falta algo, entonces decidí dejar todo, y comenzar de nuevo, soy una *¡mujer de retos!*

Me reté a empezar una nueva vida con mi hijo, hacerme cargo de él, no lo podía dejar a que me lo cuidaran mis padres, porque pensaba que él merecía tener una mamá presente, dado a mí me criaron empleadas del servicio doméstico, porque mi madre trabajaba y ella siempre tenía quien nos cuidara, por lo tanto no quería que con mi hijo se repitiera la historia.

Esto sucede porque como niños no entendemos que nuestros padres trabajan para darnos lo mejor y lo único que queremos es su afecto y cariño, que cuando lleguemos de la escuela este nuestra mamá y nos de la comida caliente, y nos pregunte: ¿Cómo te fue?, ¿Qué hiciste? , ¿Cómo te sientes? eso es *lo único que los niños necesitan afecto, cariño y una dulce palabra.*

Por lo tanto eso fue lo que me hizo decidir venirme para los EE.UU. Dejar todo y empezar de cero, **dado que mi razón principal, era ser la mama de Santiago**, hacerme cargo de ÉL.

Durante el viaje y durante ese proceso de dejarlo todo, sabiendo que yo era profesional Contadora Publica en Colombia, y que al llegar a los EE.UU. mi carrera ya no tenía ninguna validez, más en EE.UU. Que el idioma es otro y es más difícil homologar el título de Contadora.

Como yo sabía que eso me iba a ocurrir empecé a buscar otras opciones como los famosos multiniveles entre ellos me encontré con AMWAY y ellos tenían un sistema de educación de libros, casetes y me compre todos esos programas los metí dentro de la maleta y me los traje.

En el viaje, me traje un libro que se llama El Monje Que Vendió Su Ferrari, de **Robin S.Sharma** el cual leí durante todo mi trayecto a los EE.UU. Éste me impactó porque hablan de lo más importante que es el SER, y yo acabo de dejar todo el TENER, por venirme a SER lo que realmente quería.

¿Sabes por qué? Porque me sentía muy criticada, como contadora te dicen que te tienes que poner el traje azul de camisa blanca, como tienes que hablar, que tienes que hacer y a mí nunca me ha gustado que me digan que hacer.

Con este libro me doy cuenta que lo realmente importante es primero SER, luego HACER para después TENER, y me dio en la cabeza, fue como un despertar.

También aprendí que siempre tenía que hacer lo que amara, hacer lo que disfrutara, y no lo que los demás me dijeran.

Te recomiendo este libro si no lo has leído, ya que es de un gran despertar, no me acordaba hasta ahora que estoy escribiendo.

Para concretar mi Misión: SER FELIZ, siempre debo de hacer lo que me genere placer, no debo hacer nada que me moleste, me siento bien haciéndolo; por lo tanto disfruto lo que hago ESCRIBIR, dar mis talleres sobre estos libros y trabajar para despertar consciencia de prosperidad.

Durante estos 13 años que llevo viviendo fuera de mi país Colombia, Medellín, me ha tocado hacer muchas cosas, me tocó hacer limpieza al principio durante los primeros 5 meses y no era feliz, no me gusta los trabajos físicos .

Me preguntaba: ¿Soy feliz? Me respondía no para nada, no me gusta lo que hago.

La mayoría de emigrante que llega a este país USA, trabajan en limpieza, factorías, porque casi siempre llegan donde familiares o amigos que lo que hacen es eso limpieza, trabajos manuales y porque toca hacerlo... es lo único que hay cuando llegas a un país donde no se habla tu idioma, no tienes papeles, no puedes exigir mucho.

A pesar de esto tome la decisión después de 5 meses de trabajar en limpieza y dije ok ya me toco, lo hice, lo acepto, no reniego, pero ya está bueno, y paso a otro nivel.

Analice muy bien antes de tomar decisiones ¿Ahora ya no hago más limpieza? entonces ¿Que me pongo hacer? tengo que comer, pagar facturas, renta, hacer mi vida.

Reflexioné:

- ¿Qué me gusta hacer, en que me siento bien, que disfruto?

Me respondí vender, me encantaban las ventas, siempre he admirado a los vendedores de las empresas donde trabajaba como Contadora.

Pensaba que los vendedores eran felices y que nosotros los contadores éramos amargados, que simpático apenas ahora lo recuerdo como si fuera hoy siempre me han gustado las ventas y el marketing.

Pero, no lo estudie porque al momento de escoger mi carrera lo que uno hacía era buscar una profesión que pudiera conseguir trabajo fácil y era de auxiliar contable, siempre necesitaban una persona para el área contable.

Por esa razón, soy Contadora, no porque fuera mi pasión; es mas hoy que recuerdo mi profesión de Contadora Pública y lo que hacía me parece aburrido, se trabaja mucho, es un trabajo como de recogedor de lo que los demás ejecutan, haciendo cuentas de lo que ya paso, la verdad ahora que te escribo esto, no le veo sentido hacer cuentas de lo que ya pasó, pero bueno este no es el punto.

Lo importante es que te estoy contando como descubrí mi misión, siempre preguntándome ¿Que me hace feliz? si esto me hace feliz lo hago, si no me hace feliz, no lo hago, sin importarme el dinero, siempre he pensado que *"el dinero te llega cuando haces lo que realmente amas"*.

Comencé a vender mercancía, ropa colombiana, perfumes y de eso generar dinero, haciendo lo que amaba en ese momento.

Me separé del papá de Santiago, era muy difícil vivir con él y me preguntaba:

- ¿Esta es la vida que quiero para mi hijo?

- ¿Realmente mi hijo si va a ser feliz viviendo en medio de tanta pelea?

La respuesta fue no para nada, así que decidí separarme del papa de mi hijo al año de estar en EE.UU.

No lo niego que se pasan por situaciones difíciles, nada es fácil en esta vida, a veces **no queremos enfrentar situaciones difíciles y por eso seguimos haciendo lo que no nos gusta, estando con personas que nos hacen daño**, trabajos que no nos gustan por no enfrentarnos a cosas nuevas.

Pero déjame decirte que cuando tienen como premisa el ser feliz, y todo lo haces con esta finalidad *"Dios te pone ángeles, situaciones, cosas que te pasan a otro nivel"*.

Me separe, si, quede con hijo de 6 años, sola, en un país donde ni siquiera sabía comunicarme, porque te cuento que hoy todavía no hablo inglés no me entra por ningún lado.

Conocí un hombre maravilloso, que me quiere, me trata bien y lo más importante que nunca me juzga, que nunca me critica, y que para él soy la reina.

Hoy mi hijo dice: *"Mami yo no tengo traumas, mi único trauma sería que usted se separó de mi papá, pero la verdad yo veo que usted es más feliz con Leo que lo que sería con mi papá"*.

Como ves toda una vida he luchado por ser feliz, y por yo estar bien, cuando uno está bien, el entorno está bien, la respuesta la dio Santiago no yo.

En búsqueda de mi misión:
- ¿Quién soy yo?
- ¿A que vine a este mundo?

Siempre con esa pregunta, voy por la vida, buscando, encuentro que me encantan los retos, cuando ya tengo todo estable, vuelve y me sale la espinita.

Estoy contando todo esto porque es muy importante que sepas cuál es tu Misión, en esta vida, ¿A qué viniste? cuando descubres a que viniste y todo lo haces con ese fin, las cosas fluyen, todo fluye, solamente es dar un paso a la vez, viviendo tu presente, en el aquí y en el ahora.

La invitación es a cuestionarte siempre: ¿Esto me hace Feliz? si la respuesta es SI, hazlo no lo dudes, hazlo a pesar del qué dirán, de tus hijos, de tus padres, de todo el mundo porque vinimos a ser felices ese es nuestra misión en esta tierra.

➤ ¿Cuál es tu propósito en la vida?

¿Gran pregunta? Cuál es mi propósito en esta vida, a que vine, para que estoy en la tierra, para dar respuesta a esta pregunta, me tome el trabajo de buscar que era un propósito.

En el libro que se llama el Curso de Milagros; Lección # 25 encontré lo siguiente: primero todo en la vida tiene un propósito y es el servirnos en la vida, sin juzgar si es bueno o es malo, lo único es el significado que tiene para nosotros.

- ¿Cuál es mi propósito al escribir este libro?

Es brindarte herramientas para que vivas un vida feliz, plena, que hagas lo que más disfrutes, que encuentre tu propósito tu significado y que hagas lo que más amas, disfrutes el aquí y el ahora, el dinero llegara si o si solo cuando haces lo que amas.

- ¿Cómo descubrí mi propósito?

Dejando de buscar en el afuera, de calificar si esto es bueno o malo, cuando entendí que todo está hecho para mi beneficio y que todo lo que me sucede está hecho con un fin.

Que yo simplemente, tenía un papel en la vida y era el de disfrutar, aceptar todas las experiencias, sin necesidad de juzgar, simplemente las cosas pasan y pasan por alguna razón, que no debo que calificar.

Que todo lo he creado yo desde mi percepción, y todo ha ocurrido porque yo misma lo cree.
En la medida que aceptas las experiencias, pasas a otro nivel de consciencia y vas avanzando.

Mejor ríete de las circunstancias; lo que antes te sucedió era para mejorarte como persona, para ser una mejor versión de ti mismo, para trascender y estar libre de tanto prejuicio.

Deja de estar buscando en el afuera, pendiente del qué dirán, cree en ti, conéctate con tu interior.

Mi propósito en la vida, es dar mi conocimiento, mis experiencias a otros para contribuir a la transformación de otras personas.

Te imaginas como sería el mundo si todos viviéramos desde nosotros mismos, solo con el propósito de dar, de ayudar siguiendo a nuestro interior y dando lo mejor de nosotros mismo, no habría guerras, no habría problemas, no caeríamos en crisis.

"Te invito a que te descubras a ti mismo, a que descubras cuál es tu propósito y juntos construyamos un mundo mejor para los que vienen y podemos todos trascender a una mejor consciencia de prosperidad".

❖ **Fase 4 Habilidades**

➢ **¿Cuáles son tus fortalezas?**

Para tener una conciencia de prosperidad y monetizar con nuestra misión y propósito en la vida es prioritario reconocer en qué se es realmente bueno, pero como algo innato, algo que lo hacemos por pura intuición, sin esfuerzo, es más que no hay necesidad ni estudiarlo, sino hacerlo por intuición.

Un ejemplo claro:

Tengo el talento de escuchar a las persona, voy en profundidad, me gusta saber que hay detrás de cada palabra y acción, descubrir en mis alumnos y clientes cual es el problema realizando preguntas claves, escuchando la respuesta que es lo que hay detrás con la capacidad de no juzgar, ni de involucrarme en el problema.

Mi hijo me dice: "Mamá te equivocaste de profesión no debiste ser Contadora Pública sino Psicóloga" y parece simpático porque estoy escribiendo un libro de las 5 claves para lograr unas finanzas personales saludables y donde hablo de creencias, de patrones del dinero, de consciencia financiera, de cortar cadenas de tus antepasado, de que eres el responsable de todo lo que te sucede, que no hay excusas para no tener dinero, ni unas finanzas saludable, que perdones, que des gracias, que ames todo lo que hagas, mira por donde me he ido para que tengas unas finanzas saludables y sabes

¿Por qué? porque es el único camino que he encontrado a través de mis años.

Me encantaría que te evaluarás ¿Cuáles son tus fortalezas?

Es muy importante reconocer tus fortalezas personales, cuando las conoces y sabes exactamente ¿Cuáles son? ¿Te enfocas en ellas? estas son las que te van a identificar con tu forma de ser.

Hay un dato grande de desigualdad entre ricos y pobres, la pregunta es ¿Cómo salir de este alto porcentaje de pobreza y pasarme para el de los ricos?

Esto solo se logra teniendo un enfoque claro en nuestros pensamientos, sentimientos, comportamientos que ayudan a sobresalir con nuestras propias fortalezas y creando diferencia de los demás.

Las Fortalezas son la mayor riqueza, por lo tanto se debe prestar la suficiente atención para encontrarlas, denominarlas y desarrollarlas, para volverse expertos en las cosas buenas que se tienen.

Este es el nuevo enfoque conviértete en un inversionista de ti mismo, eres la mejor inversión, eres el mejor negocio, teniendo en cuenta el significado de la palabra inversión debes ocupar tu tiempo en algo productivo como es el de conocerte a ti mismo.

Altera tus pensamientos acerca del dinero, cambia el lenguaje para el dinero, el dinero está en tu mente, es una energía; la escasez financiera, todo lo que está en tu exterior es reflejo de tu interior.

Como trader en la bolsa de valores pensaba que aprendiendo las estrategias de inversión, todo lo análisis técnico y análisis fundamental, era más que suficiente.

Realmente para ser una trader y poder vivir de esas inversiones es necesario tener disciplina, pero algo más importante era conocerme a mí misma, identificarme plenamente; cuando eres trader no tienes a nadie a quien culpar y la única responsable de que y perdiera o que ganara era yo misma.

Un trader no utiliza inventarios, clientes, proveedores, empleados, publicidad, nada, las únicas variables que existen son tres: el mercado, la gráfica y TÚ.

Por lo tanto, es esencial que Tú tengas todo el conocimiento de ti mismo.

Ahora si eso es para ser trader, te imaginas para estar en el mundo corporativo, y la sociedad en su conjunto.

Al final de cuentas, la única riqueza el único activo que realmente tienes... eres tú mismo, están representadas en tus talentos y fortalezas.

Si quieres convertirte en inversionista de ti mismo, no tener jefes, horarios, libertad de tiempo, dinero, hacer lo que quieras cuando quieras y donde quieras, estas en la obligación de reconocer cuáles son tus talentos y fortalezas para ponerlos al servicio de las personas.

Cuando tienes claras tus fortalezas tienes la capacidad y la oportunidad de ganar más dinero, que al fin de cuentas es lo que queremos lograr, independencia financiera sin trabajar muy duro.

¡Mientras más te conoces más vales! siempre que inviertes (sea tiempo, dinero) en ti, tendrás como resultado un incremento de valor.

Lo que me encuentro es que la mayoría de las personas quieren gratificación inmediata, miran mucho en el afuera y se dedican poco tiempo a sí mismas, no quieren tener un tiempo de maduración.

Siempre que se habla de inversión se encuentran tres variables que son:

1. El rendimiento esperado
2. El riesgo y la incertidumbre
3. El tiempo (es el periodo durante el que se mantendrá la inversión).

"Invertir tiempo en conocerte y al conocerte aumentaras de valor".

Hablo de las fortalezas porque cuando las descubres y las colocas a tu servicio haces lo que más te gusta, todos los días de tu vida, dejas de trabajar, amas todo lo que haces, trabajas con tus habilidades y eres feliz.

❖ Fase 5 Como Aprendes

Para explicar mejor esta fase, retomé una parte de mi vida en la que mi mamá Rosa María López fue Maestra durante 40 años y en este momento está jubilada le hice una pequeña entrevista porque me pareció importante saber desde el punto de vista de una Maestra que en toda su vida dio clases en escuelas públicas a los niños de primaria y quería saber ella como Maestra que hacía para que los niños aprendieran esta fue la pregunta que le hice.

  ✓ Mamá como educadora me puedes decir ¿Cómo es que los niños aprenden?

- Respondió: la base es que el niño quiera aprender lo que uno le va a enseñar, te doy un ejemplo: un niño va a la escuela, donde se encuentra en un grupo de 35 niños; de los cuales únicamente 3 o 4 niños sobresalen.

  ✓ le pregunte ¿Normalmente es así mama?

- Respondió:

Sí señora porque esos 3 o 4.
1. quieren
2. Les gusta lo que en realidad si está haciendo, durante mi amplia experiencia, cuando los padres de familia iban a las reuniones y me

preguntaban: ¿Por qué a mi hijo le está yendo mal en la escuela? yo les decía; si su hijo realmente no quiere estudiar no lo esfuercen, búsquele más bien por otro lado, porque no hay cosa más horrible que un niño no quiera y no le guste estudiar.

Recuerde yo tuve 4 hijos y uno ellos Darío yo le explicaba, y le explicaba y el miraba era el televisor y no hay poder humano para hacerles entender.

Con esta respuesta me doy cuenta que el Aprender tiene que venir primero de la persona, no se le puede obligar; basados en los **dos puntos claves el querer y que le guste esto es básico en el aprendizaje de cualquier estudio o profesión que uno pueda hacer en la vida.**

Te invito a que hoy a pesar de los años que tengas; de todo lo que hayas hecho te cuestiones: ¿Si realmente quieres y te gusta lo que estás haciendo? si la respuesta es positiva, continua con tu aprendizaje; si la respuesta es Negativa estás en un grave problema porque estas condenado a ser un infeliz por lo tanto el dinero difícilmente te va a llegar.

Continuando con la entrevista, pregunto:

✓ ¿Cuál es la diferencia entre los niños de hace 40 años a los de hoy que estamos en el 2014?

- respondió lo siguiente:

Los muchachos de hace 40-20 años mostraban más interés en aprender, los de hoy en día tienen todo, tienen las calculadoras, por eso no saben sumar, tienen los videos de lo que usted quiera , la televisión, el internet y ya no les gusta leer no les gusta investigar a los muchachos les gusta es la vida fácil y como está la tecnología entonces más fácil se les vuelve todo, entonces ¿Cuando el muchacho piensa? antes cuantos problemas de matemáticas le ponían para que se quebraran la cabeza, para que pensaran.

Sin embargo eso tampoco es funcional porque a ellos se les enseñaba arrobas, quintales, libras y no sé cuántas cosas más que a la hora de la verdad en la vida práctica no se aplican.

> ✓ le pregunté: si no es funcional mamá con su experiencia de toda la vida como educadora ¿Qué harías hoy por los niños de 12 años, como los educarías si tuvieras el poder de darles la educación según tu experiencia y que sea funcional?

-Respondió:

Les enseñaría todo lo que ellos necesitan para desenvolverse en la vida práctica, porque yo veo, que a los niños, lo que les dan es información como rellenando con una manada de conocimientos que a la hora de verdad no le sirven a usted para nada.

Pero bueno para esto están en los tecnológicos donde aprenden hacer mecánica, computadores,

Como vi que no me contestó claramente le volví a preguntar lo siguiente

✓ Pero bueno mamá ¿Si tienes el poder de educarlos que le enseñarías?

-Respondió:

En primer lugar aprender a leer porque el que aprende a leer es capaz de analizar y la persona que analiza aprende; les enseñaría conocimientos básicos sobre matemáticas, la manera de expresarse adecuadamente; especialmente hizo énfasis que le cogieran amor único a la lectura.

✓ le pregunté: ¿Cómo haría que un niño le cogiera amor a la lectura?

-Respondió:

Pues es que eso es lo difícil, definitivamente es que les guste.

Le digo a manera de ejemplo; pero mi hijo Santiago que tiene 18 me dice: "Mamá es que a mí no me gusta leer", y le digo: "Santiago pero como es de importante leer, a mí por ejemplo lo que me ha hecho diferente a la mayoría de las personas que yo leo desde hace 27 años".

Mi primer libro fue el Poder de la Mente Subconsciente por Joseph Murphy; vaya pregunte a ver si uno de mis compañeros profesionales Contadores Públicos ha leído este tipo de literatura, no se la han leído, no les gusta libros de desarrollo personal, no les gusta libros de crecimiento de mentalidad .

-Mi mamá me dice: bueno ahora te voy a preguntar algo... a ti que te gusta leer, que te ha gustado investigar te han gustado tantas cosas ¿Por qué tu hijo es así? y ¿no ha podido hacer él le coja amor a la lectura?

Respondí:
Por lo mismo, porque el sistema educativo es tan fuerte que el niño se va de la casa desde las 7 am y llega a las 4 pm de la tarde entonces la mentalidad que le forman en la escuela se le sale a la mama de las manos.

-Mi mamá Responde:

Los llenan con demasiada información, haciendo que ellos le cogen pereza a la lectura porque los ponen a leer libros que no tienen sentido y les da pereza con lo que los alejan de la lectura.

Definitivamente yo lo que veo es que no hay motivación para que lean los niños, en el sistema educativo.

Con base en la entrevista que le hice a mi madre; ahora te hago la pregunta ¿Qué es lo que te motiva? como hago para descubrir el talento de ese niño y que le guste leer sobre algo que a él le interese, no de historia; es más hoy retrocedo el tiempo, regreso a la época de colegio, y no me acuerdo ni cuáles son las obras literarias de Gabriel García Márquez, a mí tampoco me gustaba leer cuando yo estaba en la escuela, que simpático ni me acordaba.

✓ Le digo a mi mamá: Es más mama, ¿cuando yo me leí un libro cuando estaba niña?

- Respondió:

Riendo la Rebelión de las Ratas si se lo leyó

Yo le respondí pero yo no me acuerdo de eso mamá, es más no me acuerdo de nada de la escuela,

✓ Entonces mamá ¿Para qué van los niños a la escuela?
-Respondió:

Pues es que ellos van y como están es sobre una calificación, no con el ánimo de aprender sino con el ánimo de escalar el año es que eso es lo difícil

-¡Es que mire!!! Usted tiene su hijo y seguramente le ha hablado por todos los lados y no le entra, mire que yo tengo el ejemplo siendo yo maestra ¿Cuánto luche yo con sus hermanos Nelson, Heriberto, y con Darío? Y ¿Qué pude hacer? Nada...

"Lo primordial en la vida es querer cuando uno quiere una cosa hace lo que sea para lograrlo".

✓ Le pregunto ¿Entonces mamá uno hace que una persona quiera?

-Respondió:

Es complicado hacer que las personas quieran, y de este modos ella llega a la conclusión: "Es que uno nace"; solo mire la familia de mi Amiga Marta Cecilia toda la familia le gusta leer, son licenciadas ¿A quién le heredaron eso? se lo pudieron haber heredado a la mama de ellas que era maestra es que no es fácil, levantar gente no es fácil.

Me sentí por un instante impotente, como sin salida, entonces según lo que mi mama me dice uno nace con ese querer o no querer estudiar, aprender hay personas que nacen que vienen de raza de familia.

Y continuamos con la conversación:

Me sigo cuestionando entonces Pregunto ¿Cómo yo puedo ayudar a que jóvenes, como Santiago mi hijo que no le gusta leer cambie la mentalidad?

Porque mira Santiago mi hijo me dice mamá es que el dinero trae dinero, y si no tengo dinero entonces ¿Cuando voy hacer dinero?

- ✓ -Y yo me pregunto entonces ¿Solamente hace dinero el que tiene dinero? entonces los pobres nunca serán ricos, un pobre nunca va a conseguir dinero porque le va a tocar trabajar mucho y por mucho que trabaje no le van a pagar mucho, mentalidad de que es pobre nunca van a conseguir, como no tiene dinero no van hacer dinero.

¿Cómo te puedo ayudar?
 La respuesta es – la palabra ambición y esto me devuelve a que la ambición es algo con lo que se nace.

- mi mama me dice vea Imelda, hay dos cosas que influyen mucho **el amor y la ambición** cuando uno quiere una cosa la ambiciona, si nace sin amor, no le vale nada es nada el amor es indispensable en la vida como primera medida.
"Si usted no ama lo que hace, todo lo ve superficial, a nada le encuentra un fondo ni tiene sentido, definitivamente

sin amor no se consigue nada, es nada".

✓ Le preguntó, mamá entonces ¿No se debería enseñar a trabajar a la gente por dinero?

- Responde:

NO, no porque el dinero es una cosa que usted necesita; por ejemplo hay muchas clases de empleados, hay empleados que son dedicados y si les toca quedarse una hora extra se quedan, mire cuando yo trabaja de profesora me quedaba enseñándole a un niño que quería aprender a leer por horas fuera de las jornada de trabajo, mientras que otros profesores solo van trabajan y cuando suena la campana salen a la carrera.

-A cuanta gente me llevaba para mi casa, un niño que no podía aprender y ese niño conmigo aprendió a leer en horas que yo le dedicaba en mi casa, por eso el director me decía doña Rosa sinceramente usted es digna de admiración ese niño había hecho 3 primeros y no pudo aprender a leer, yo lo cogí y conmigo aprendió a leer.

✓ Le pregunto: ¿Mama pero a usted le gustaba enseñar?

-Responde:

Amo enseñar y era dedicada a un niño hasta que lograba mi objetivo, sin importarme el dinero yo siempre trabaje primero porque amaba lo que hacía, el amor es indispensable en toda profesión que se tenga; "si usted trabaja por dinero las horas se le vuelven eternas".

En conclusión: Me dio 3 pasos para que las personas aprendan
  1. Amar lo que haces

2. Querer hacerlo
3. No hacerlo por dinero.

*Al final de la conversación me dice: Hija míreme, porque no he aprendido a manejar computador por la pereza, porque no me gusta y ya estoy cansada jubilada y ya no me interesa nada de eso.

Me pareció tan interesante la conversación con ella porque en su experiencia de 40 años de Maestra de niños de primaria, me dio estas claves.

Estás leyendo este libro puedes crear consciencia de la importancia de cómo los hijos aprenden, ¿Cómo aprendiste? ¿Cómo te educaron? ¿Quién te educo? y todo lo que implica, analiza me fui a los EE.UU. porque sentía que mi hijo lo debía de educar yo y a pesar que fui yo quien lo educó, en el sistema educativo no ayudó.

Como me doy cuenta que el sistema educativo tiene alto impacto en nuestras vidas, me parece que es interesante entender un poco este sistema educativo.

¿De dónde surge? habla de Colombia, Medellín donde yo me eduque y del sistema educativo de los EE.UU. donde se educó mi hijo Santiago porque veo que a nivel personal, familiar tengo un problema porque estamos con una estructura para mi cuadriculada, enjaulada, acorralada donde salimos al mundo laboral y vamos con este mismo paradigma de estudie, consiga trabajo y trabaje duro para que consiga dinero.

Para esto me gustaría retomar un poco la parte de la historia de donde viene la educación, para esto entreviste a un licenciado profesor de universidad, Luis amigo de mi mamá al cual le hice las siguientes preguntas:

✓ ¿Cómo aprende un estudiante, o cómo aprendemos? ¿Cómo género interés en una persona para que quiera estudiar y aprender?

Yo le explique antes de que él responda, el por qué le estaba haciendo esta pregunta, le dije: Luis estoy cuestionando mucho mi situación, hoy en 3 de febrero del 2014; me fui para EE.UU. Porque quería ser la mamá de Santiago lo eduque fui la mamá, tengo un hijo sin traumas, sin embargo no le gusta leer; siendo para mí la base del aprendizaje porque como dice mi mama: "La persona que lee, investiga analiza y tiene una mente abierta"; Santiago mi hijo sale desde las 7 am hasta las 4 pm para la escuela

¿Cómo era la educación en la época de mi mamá? Pregunto Argumentado....

Te hablo en la época de 1948-1960 época de mucha violencia en Colombia donde había un lema y era "La letra con sangre entra" y todo como ella me lo comento era basado en la memoria, mucha información que tenían que memorizar, no era basada en nada científico, la ciencia parte de una premisa fundamental, puede utilizar las cosas ahora como son mañana ya no va hacer así, mañana las debo aprender a utilizar de otra manera porque van a cambiar, la ciencia es el constante cambio, el cambio permanente, el eterno devenir , la ciencia tiene que hacer las cosas con precaución porque todo lo que echa a funcionar es provisional, porque el hombre es una obra inacabada, como ves nada que ver con que la educación está basada en un fundamento científico.

En Colombia, en un sistema de violencia empezó la educación, se propone la no violencia, a mí me parece que como hay tanta violencia y tanto muchachito por ahí entonces venga meta modelos en una jaula, los metemos en un salón de clases para poderlos manejar y que no piense, jaula, corral, cuadro.

Colocando una persona al frente que habla como un loro, y los niños callados a llenarse de información de acuerdo a un pensum, el maestro decía una cosa, los alumnos la debía repetir, y si no se aceptaba por parte del alumno se castigaba, con una férula

¿Sabes qué es una férula? es una regla de madera, un listón de madera, perforado en algunas partes con una broca una regla hueca que al darle la mano al niño, la regla deja una marca , así como se le deja una marca al ganado.

Para mí, la educación fue perversa, zanahoria y palo, la zanahoria se le ofrece al burro amarrada de una caña de pescar que la vea en la parte de adelante y no se la alcance a comer; para que se mueva a comerse la zanahoria que nunca alcanza, se le da con un palo.

En este orden de ideas me parece que este es un sistema educativo muy bravo, duro, difícil, le digo a Luis;

-El Responde:

 Pero eso es copiado del sistema americano.

Me cuestiono lo siguiente se meten en un aula, están cuadriculados, no puede sino pensar, sentir, y hacer lo que el profesor diga y si no están de acuerdo le dan con una regla pues el niño está amarrado, amansado, un burro amansado, esa fue mi opinión.

- Luis me dice: "pero ya no se le puede pegar a un niño eso ha cambiado mucho" y me cuenta lo siguiente la educación es perversa.

Sin embargo, hoy en el 2014 no se le puede castigar a un muchacho, no se le puede ni siquiera en un momento insinuar que es torpe o que tiene dificultades para aprender aunque sean evidentes, esto está prohibido por la ley.

Entonces el maestro para poder tolerar esto lo que tiene ahora es dizque un observador, un cuaderno, en donde anota diariamente el comportamiento de los muchachos del grupo.
Un ejemplo se levantó del puesto sin permiso, ¿Sin permiso de quién? tenía que pedir permiso al profesor, interrumpe la clase al profesor sin autorización, firme y ahora más tarde le explico a usted; no puede

interrumpir la clase de todo el grupo para darle la explicación a usted solo.

Entonces no está actuando como un maestro, está actuando como un loro altoparlante con un garrote en la mano que se llama lápiz o bolígrafo con el que anota en el cuaderno y le anota eso al muchacho.

El muchacho dice no firmó y entonces el profesor escribe en el cuaderno no quiso firmar y llama a otro muchacho y le dice firme aquí usted que el compañero suyo no firmo

Con dos anotaciones de esas o tres ya está en dificultades, con una llamada al padre de familia, con dos lo llevan a consejo de grupo y con 3 anotaciones; (ninguna de ellas está justificada) lo llevan a consejo de disciplina o lo llevan al coordinador.
Entonces que están viendo los muchachos que sería mejor que les

dieran con un garrote y les dieran un garrotazo en la cabeza, los durmiera para que no siga interrumpiendo.

-En este momento intervengo y pregunto:

- ✓ ¿Entonces esto es una tortura psicológica?

-Luis Responde:

¡Claro!

- ✓ vuelvo a intervenir: es como cuando a uno le dan un veneno silencioso.

-Luis responde:

Es un placebo

Intervine con lo siguiente: Retomo el tema de la educación de mi hijo Santiago Restrepo, que tiene hoy 2014,

18 años; estoy hablando de la educación en los EE.UU. haciendo esta aclaración; retomo la influencia del sistema educativo en la vida de mi hijo, se va desde las 7 am hasta las 4 pm para el cuartel, para la jaula educativa donde tiene todo eso que usted me acaba de decir Luis; porque mire si no va a la escuela ese mismo día me llaman,

Si no se pone el uniforme como es me llaman, esa camisa no está bien; usted no trajo la camisa correspondiente y lo castigan todo el día en un salón donde están todos los muchachos que no se pusieron el uniforme, perdiendo todo el día las clases y fuera de eso les colocan falta de asistencia, mejor dicho ese muchachito no puede modular… porque a mi inmediatamente me llaman.

Si llega 3 minutos tarde al aula porque ellos cambian de salón y cambian de área, por ejemplo Santy está en la hora del Gimnasio o educación física está con una ropa para hacer ejercicio, termina acalorado debe cambiarse de nuevo y fuera de eso la próxima clase queda en otro bloque porque la escuela es muy grande; entonces los 5 minutos no le alcanzan para llegar a tiempo porque no puede entrar con la ropa del ejercicio, si no también lo regañan por la ropa es más no puede entrar, entonces llega 3 minutos tarde y ya le pusieron 3 fallas, y ya me llamaron a mi celular, adicional una carta disciplinaria diciéndome que si Santiago llega tarde la próxima vez pierde el crédito de esta clase, ósea pierde el año y le toca pagar un dinero, fuera de eso reponer de nuevo esa clase.

Entonces hablé con Santiago y le pregunte qué es lo que está pasando que estas llegando tarde y Santiago me respondió no mamá es que tengo gimnasia queda muy lejos y no me alcanza el tiempo.

Yo le sugerí a Santiago que hablara con la consejera para que le dieran 3 minutos más y que explique la situación, bueno finalmente le dieron los 3 minutos porque fue a la rectoría.

Estos muchachitos no pueden hacer nada que se salga de la norma, porque inmediatamente carta a la mamá, reporte y sanción; entonces estos muchachos lo que **aprenden es a no decir nada, no hacer nada, y hacer unos niños que no modulan, porque si modulan son sancionados…**

- Luis Responde:

Se lo digo así: **es que aprender es una cosa y recibir adiestramiento es otra....**es más este se usa para los animales las bestias, y recibir amaestramiento es una cosa muy distinta

En este punto intervengo…

Ok entonces me devuelvo a la pregunta inicial de esta conversación la cual fue: ¿Por qué a Santiago no le gusta la lectura, si fue educado por la mamá?

Entonces que poder tiene la mamá cuando manda un muchachito a un aula de escuela de 7 am a 4 pm y es por obligación (porque en EE.UU. es obligación) enviarlos a la escuela no es si yo quiero mandar al niño a la escuela o no.

La realidad es que mi hijo que tiene 18 años mire con la mentalidad que salió de la escuela y claro no le gusta leer

Santiago mi hijo me dice mamá ¿Qué voy a leer si no tengo ninguna motivación? Él se da cuenta que en la escuela no puede hablar no puede modular, no pude decir nada.

Sin embargo, yo le dije a Santiago "mientras usted esté en la escuela hagan lo que le digan, lastimosamente estamos en un sistema donde usted tiene que recibir órdenes";

Pero para ser sinceros cuando salga al mundo laboral ¿Qué será? **otro bobo**

-Responde Luis:

¡Un Zombie!

> ✓ Le digo: ósea que estamos educando Zombies, las mamás, los profesores, el sistema, todo es un mundo de Zombies.

-Responde Luis:
Si el sistema es un sistema corrupto.

-Le digo con tristeza, asombro, alarmada… ¡Ay Noooo! quisiera hacer algo para ayudar pues la verdad no sé, yo pienso que debe haber un grupo que empiece a generar este cambio, pienso que todo esto es con la finalidad de adiestrarse, para ser un mundo que se pueda manejar por las grandes elites.

-Responde Luis:

De un mundo más dócil, para que con esa docilidad pueda llegar al poder un ambicioso irresponsable, sin ninguna ética sin ninguna capacidad de razonamiento; únicamente su ambición personal y su discurso de pronto capaz de incendiar un pueblo y enfrentarlo a otro.

✓ -intervengo diciendo: Está delicado esto entonces, pero bueno, ¿Cual sería una solución?

- Luis responde:

Esta problemática desde el punto de vista de los mormones, como en qué contexto se educó mi mama y su generación el problema que tenemos hoy si estamos en el misma situación de hace 50 años, 1964-2014.

"Es bueno reconocer de dónde vienes, cómo aprendiste, que aprendiste cuál fue tu entorno esto es solo para crear consciencia para que te des cuenta por qué ahora haces lo que haces".

✓ **¿Qué tan efectivo eres?**

Que tan efectivo eres en el proceso de crear nueva consciencia financiera, nuevos patrones sobre el dinero, nuevos paradigmas, nueva forma de pensar haciéndote cargo de ti mismo, sin echarle la culpa a nadie de tu realidad aquí y ahora.

Me encantaría que en la fase 5 "Como Aprendes" te evaluarás y obtuvieras un reconocimiento de tu realidad, teniendo un entendimiento de todo. Un ejemplo, soy efectiva en el cómo aprendí, como desaprendí y como reaprendí.

1. Hablo con mis padres, indagar de dónde vengo, como me educaron, sorprendentemente me doy cuenta de que mi papá es negociante toda la vida, mi abuelo también fue negociante, ahora yo soy inversionista, trader uno aprende por herencia o por ejemplo.

2. Mi mamá fue educadora toda su vida y yo soy educadora, dictó cursos sobre cómo invertir en la bolsa de valores de los EE.UU, y veo que me

encanta enseñar, ayudar a las personas, por lo tanto esto fue aprendido de mis ancestros.

3. He tenido 9 bancarrotas, he repetido la historia de mi papá que también tuvo 9 bancarrotas, mi papá dice: "que ha sido muy de buenas para el dinero", yo también digo lo mismo soy muy de buenas para el dinero;

4. Sin embargo, mi papá ahora que ya está viejo a sus 76 años, enfermo dice que va a morir pobre, pero ¿Por qué dice esto? porque toda su vida lo que trabajo se lo dio a su familia, todo lo dio, no supo ahorrar, invertir, generar riqueza, nunca tuvo consciencia financiera, ahora yo he repetido sus 9 bancarrotas.
Lo único diferente es que yo tengo 48 años y estoy haciendo un proceso de crear consciencia financiera para no seguir repitiendo estos patrones y no

seguir pensando que es por culpa de mi entorno.

5. Me veo en la obligación de Reaprender, de crear nuevos patrones del dinero, nuevos paradigmas, recodificar mi chip del dinero, entrarle nueva información a este chip, ya lo reinicie, quedo vacío y le voy a entrar nueva información

6. ¿Cómo lo voy hacer? con nuevas lecturas, audios, frases, nuevos amigos, nuevo entorno y **asumir que nací con una Misión, un Propósito y una Visión que me va a fortalecer, para hacer lo que tenga que hacer hasta que suceda.**

7. ¿En cuánto tiempo sucede esto? lo bueno es que no es **una cuestión de tiempo es una decisión** que tomé, aquí y ahora, viviendo en el presente, reconociendo que soy responsable de la información que lleva mi chip financiero y que soy la única que tiene acceso a él, por lo tanto el tiempo no existe, es en mi presente en el aquí y en el ahora, y solo es cuestión de tomar consciencia de prosperidad.

8.Convertirme en mi propia observadora, como si fueran dos personas en una sola con la información de mis antepasados, de todo mi pasado y otra que decide no querer esa información consolidando sin queja alguna ,reconociendo que yo soy la única responsable que puedo tener éxito financiero estando convencida que lo obtendré.

9. Creer en mí en que lo puedo lograr, que tengo la suficiente certeza y fe, de que lo puedo hacer recuerdo mucho esta frase "Si cree, todo es posible para usted" (Mc 9,23) Todo es posible para aquel que cree, y esta otra frase de Henry Ford "Tanto si crees que

puedes, como si crees que no puedes, estás en lo cierto".

Ahora te pregunto,
¿Eres un estudiante o ya estás en aprendizaje de la nueva consciencia financiera?

Este libro tiene **una finalidad y es la de crear una nueva consciencia financiera para que pases de tener cero dinero en los bolsillos a fin de mes, te conviertas en inversionista de ti mismo, tengas tiempo, dinero para ser feliz y logres hacer todo aquello que amas hacer para que no te vayas por la vida, siendo una víctima, un zombie más, como un soldado codificado para trabajar, y trabajar, sin dinero siendo un infeliz.**

En el siguiente libro vamos a ver cuáles son tus hábitos de consumo, porque al tomar consciencia financiera, ver nuestra condición financiera   y traerla a la realidad; no tomar acción es lo peor que podemos hacer.

Porque es necesario saber cómo hacerlo, si deseas triunfar en la vida tienes que tomar acción; veremos cómo tomar acción y cambiar tus hábitos para luego hacer un presupuesto mensual.

Como ver nuestra realidad financiera mediante un balance, un presupuesto mensual, un estado de resultados financieros personales vernos como empresa, que tenemos; cuales son nuestros activos, nuestros pasivos, cual es nuestro patrimonio, como obtenemos los ingresos, en que gastamos y que nos queda a fin de mes o simplemente darnos cuenta crear consciencia que no es importante cuánto ganamos lo que nos va a generar riqueza, sino cuánto gastamos me encanta una frase que dice

"No es lo que ganas, sino cuánto tu gastas"

SOBRE LA AUTORA

Sobre Tu Coach, María Imelda Cardona

María Imelda Cardona, Contadora Publica, Escritora, Especialista en finanzas personales y experta en inversiones en la bolsa de valores de USA, Conferencista Internacional emprendedora comprometida con tu éxito.
Soy Coach Financiero utilizando la PNL y dicto cursos sobre cómo invertir en la bolsa de valores de los EE.UU.

Misión: Inspirar a mis alumnos a crear una nueva consciencia de prosperidad y haciendo que se conviertan en inversionistas de ellos mismos, para que creen riqueza y un futuro a prueba de crisis, logrando que el dinero trabaje para ellos.

Su historia es admirable: Criada en Colombia, creció dentro de una familia humilde y sus padres con mucho amor y esfuerzo le dieron el estudio de Contadora Publica, emigro a los EE.UU. abandonando toda su familia, sus títulos su trabajo para hacerse cargo de su hijo Santiago Restrepo porque su misión como mama era muy importante, empezando de cero en los EE.UU. le toco hacer trabajos de limpieza, y empezar de nuevo.
María Imelda dejo de vivir una vida de excusas, empezó a construir su vida en los EE.UU. y a construir riqueza, pero siempre sus patrones del dinero la hacían llegar a la bancarrota, llegando a si a 9 bancarrotas, esto le empezó a preocupar y se volvió inversionista de ella misma, experta en conocerse a sí misma encontró 5 claves que la llevaron a tener libertad financiera,

diciéndole al mundo que si se puede ser exitoso sin importar el pasado.

Es su espíritu luchador, su inigualable energía positiva sus sueños y su inmenso deseo de verte triunfar lo que la levanta todos los días a trabajar para que seas el líder que fuiste llamado a ser.

Su misión es simple: Despertar en ti la consciencia de prosperidad para que el dinero trabaje para ti.

"Creo que la verdadera riqueza esta en nosotros mismos, la mejor inversión eres tú, tu eres el mejor activo, venimos a este mundo a ser felices, a disfrutar de la vida con abundancia."

María Imelda Cardona

Presento lista de mis libros; los puedes buscar en amazon.com

Invierte en ti, TU eres el mejor Activo
Serie de 5 Libros

Libro # 1
Invierte en ti, TU Eres el mejor Activo: Clave 1 Pensamiento Cual Es Tu Nivel de Creencias Acerca Del Dinero
Libro Clave 1: ISBN-10: 1499221622
ISBN-13: 978-1499221626
<u>http://amzn.com/B00PKPTIZI</u>

Libro #2
Invierte en ti, TU Eres el mejor Activo: Clave 2 Sentimiento Cual Es Tu Sentimiento Con Respecto Al Dinero
Libro Clave 2: **ISBN 978-1500572099**
ISBN 1500572098

http://amzn.com/B00NYM1JM4

Libro # 3
Invierte en ti, Tu eres el mejor Activo:
Clave 3 Hábitos Comprometerse Con
El Aprendizaje Y El Crecimiento De
Toda La Vida
Libro Clave 3:ISBN -13:978-1503087101
ISBN-10:1503087107
http://amzn.com/B00PMCL4VU

Libro # 4
Invierte en ti, TU eres el mejor Activo:
Clave 4: Acción Establecer Un
Presupuesto Mensual
Libro Clave 4: **ISBN-13:978-1503275256**
ISBN-10:1503275256
http://amzn.com/B00RB23ON0

Libro # 5
Invierte en ti, TU eres el mejor Activo:
Clave 5: Resultados Descubrir y
Seguir Su Pasión Con Una Nueva
Conciencia De Prosperidad

Libro Clave 5 :**ISBN-13:978-
1507689349**
ISBN-10:1507689349

*"Como Lograr Tus Metas Financieras
Efectivamente
Y Hacer Tus Sueños Realidad"*
ISBN-13:978-1507537268
ISBN-10:1507537263
Kindle
http://amzn.com/B00SS0XZU6
Paperback
http://amzn.com/1507537263

*"Una Crisis Financiera Mundial Es La
MEJOR Bendición"*

ISBN-13:978-1507689752
ISBN-10:1507689756
SI DESEAS UNA SESION DE
COACHING 1 A 1 CONTACTEME:

SKYPE simpleoptionst1
TELEFONO. 201-491-4629 en New
Jersey - USA

CONECTEMOS EN REDES SOCIALES

WEB:
http://mariaimeldacardona.com/

TWITTER:
https://twitter.com/Simpleot

FACEBOOK:
https://www.facebook.com/Mariaim
eldacardona1

LINKEDIN:
https://www.linkedin.com/pub/maria-imelda-cardona/34/4a2/206

PINTEREST:
http://www.pinterest.com/mariaimeldacard/

YOUTUBE:
https://www.youtube.com/user/Simpleoptionst

GOOGLE
https://plus.google.com/u/0/101047622618081228049/

NOTAS...

www.ingramcontent.com/pod-product-compliance
Lightning Source LLC
Chambersburg PA
CBHW051331170526
45166CB00002B/772